KB263112

사랑의 불씨를
살리라

초판 1쇄 인쇄 | 2005. 10. 13.

초판 1쇄 발행 | 2005. 10. 15.

지은이 | 권태진

발행처 | 도서출판 성빛

출판등록 | 제96-21호

경기도 군포시 금정동 870-10

대표전화 031-397-6754 팩스 031-397-9241

홈페이지www.gunpojeil.org

ISBN 89-87187-18-7 03230

사랑의 불씨를 살리라

권태진 지음

사랑의 불씨를
지피면서…

사람은 행복을 위해 하나님의 형상으로 지음 받아 자녀의 특권을 누리며 살 수 있는 은혜를 받았습니다.

그러나 분별력이 없어 뱀에게 미혹 받아 선악과를 따먹는 불순종의 행위로 하나님과 단절되어 에덴에서 쫓겨났습니다. 그 후 사람은 수고와 탄식을, 땅은 가시와 엉겅퀴를 내는 곳이 되었습니다. 이러한 어려운 환경에서 신음하는 인간을 용서하기 위해 하나님은 하나밖에 없는 아들인 예수 그리스도를 사랑의 불씨로 이 땅에 보내셨습니다. 그리하여 누구든지 믿을 수 있는 길을 열어 놓은 것입니다.

사람은 누구나 사랑의 불씨를 지필 마음을 갖고 있습니

다. 그 마음에 믿음·소망·사랑의 불씨를 살려내야 모두
가 행복해 질 수 있습니다.
　사랑을 잃은 냉랭한 가슴에 창조주가 주신 사랑의 불씨
로 이 글을 읽는 모두에게 되살아나 행복하게 되길 바랍
니다.

2005년 10월 15일

| 차 례 |

| 차 례 |

|3부| 빛은 실로 아름다운 것 … 123

| 차 례 |

1부

마음을 같이 하여 같은 사랑을…

새해를 맞으며

한 장의 카렌다 떼어내고
열두장 걸었습니다

지난 날 희로애락
추억에 저장하고
미래 행복의 징검다리
조용히 건습니다

사사로운 일보다
큰 일에 마음쓰고
바쁜 일 보다
중요한 일을 하렵니다

생각의 우선 순위
님의 뜻대로
영혼, 생명, 사랑, 열정 품고
티없는 순결로
사랑을 노래하렵니다

두툼한 달력만큼
많은 계획들 님이 주신
능력, 권세, 힘으로 이루렵니다

한해가 지날 때
후회 없도록

세월 아끼며
많은 일 보다는
바른 일을 하렵니다

님의 자녀답게
거룩하게 살렵니다

이 새해에!

"너를 세계 모든 민족 위에 뛰어나게 하실 것이라"
(신명기 28:1)

새해 태양

새해 태양은
희망을 안고 동녘에서 깨어나
모래알처럼 많은 사연
행복의 씨되게 하는구나

고해바다에 작은 배 띄우고
지구의 둥지 안에 태양의 등불 밝혀
진리의 길 가련다

스데반 앞 열린 하늘
사자굴 임한 님

능력 믿는 택한자 권세 누리며
상 주실 님의 푯대 향해 태양 머금고

방주 속 날아드는 비둘기 되어
모두에게 꿈과 행복 주는
님의 종되게 하소서.

"그 얼굴이 천사의 얼굴과 같더라"
(사도행전 6:15)

14

새로운 기대

헌옷 벗고
새옷 갈아입었습니다

찢기고 때 묻은 낡은 것
훌훌 벗어버렸습니다

이젠 서운함, 아픔, 실패도
다 벗었습니다

승리, 감사, 행복만
있을 것입니다

혹 핍박과 환난 온다해도
님 모시고 사자굴, 풀무불을
안식의 장소로 만들 것입니다

"서서 진리로
너희 허리띠를 띠고

의의 흉배를 붙이고…
구원의 투구와 성령의 검
곧 하나님의 말씀을 가지라” 는
말씀 기억하겠습니다.

천륜의 뿌리

하얀 잔디
찬바람 지나가면
추워라 설레설레
머리 흔들고

하얀눈 낙엽 덮으나
세월의 물레 돌아
설날이 다가 왔어요

천륜(天倫)의 뿌리 찾아 분주히 달려
옛 추억의 현장 머물러도
흙으로 몸 가리우고
불러도 대답없는 부모님 생각

가슴 복받쳐도
낙원의 누림 믿으니
칠흑 속 한줄기 빛
위로로 임하네요

님이 나리우신
형제의 사랑 꽃 피우는
설날에

피같이 진한 정 느끼며
사랑으로 빚어준 부모님께
효도의 맘 품고
행복의 들녘 물댄 동산으로
달려갑니다.

구정

물보다 진한 피
한 탯줄감고 나오니
한 세상 천륜의 긴 세월
엮어 내었구나

조약돌처럼 흩어져 살다
부모님 계신 고향 찾으니

한해 하루로 변하여
떠오르는 추억들
그리운 얼굴, 흙, 고향 동기들이구나

아, 형제여!
서로 대화가 통하고
보면 살며시 웃고
환경, 힘, 물질 사랑 나눌 때
떠나기 전 후회 없도록
님 안에서 사랑해 보자꾸나.

"형제는 위급한 때까지 위하여"
(잠언 17:17)

좋은 달

하얀 햇빛 하늘 버리고
내 마음 공간으로

새봄의 파란 싹
농부의 손길 기다린다

심지 않는 잡초
불사초(不死草)되니
회개의 산고
거룩한 밭 되는구나

꿈이 피어나는 2월
복의 열매 알알이 피어난다

이 좋은 달!

설산

설산(雪山)에 임한 빛 사랑
얼은 맘 녹여주니
온 몸 녹여 초목(草木) 키우며
봄처녀 파란 옷 짓는구나

산새 노래하니 벌 나비 춤추고
진달래 리본 단 양지 산기슭에
사랑의 향연 피어나는구나

설산 같은 세상
빛 사랑 임해
가슴마다 생명 운동

거룩의 고매한 인격
가득가득
새 노래로 피어나는
님의 가슴 닮아
행복한 세상 되겠구나.

설산에 찾아온 봄

설산 봄 오솔길 따라
청산으로 가는구나

시린 가슴 눈물 풀어내고
감사의 맘 돌개천 청수되니

개구리 풍덩 뛰어 내리고
가재 돌 밑 둥지 틀고
물거미 물위 뛰어내리며
산딸기 익어가는 곳
가지런히 놓인 바위

목양의 소원 품은
종의 미소 하늘을 향하는구나.

희망의 노래

하얀 머리 찬 바람에
도리도리 흔들리고
황량한 곳 푸른 잎 보이지 않아도
가슴 깊이 품은 생명

봄을 기다리는
꿈꾸는 소리 들리니
희망의 노래가 호흡이 되는구나

하얀 머리칼의 면류관
후패하는 육체 속
영생의 영혼 품음은

낙원 노래 들으며
천국 님을 사랑하며
행복한 노 저어 가노라.

"너는 행복자로다…그는 너를 돕는 방패시요"
(신명기 33:29)

인생 준비

봄이 오는 소리 듣고
하얀 눈 땅 속 숨어들고
앙상한 나뭇가지 겨울 잠 깨
푸른 옷 준비하니

님의 나비 만들어 하늘 띄우고
목련 백합 진달래 철쭉
환하게 웃고

겨울의 두터운 옷
훌훌 벗어 버리고
환한 옷 반팔 입고
봄을 호흡하며

가을 열매 위해
씨 뿌리련다.

"천국은 좋은 씨를 제 밭에 뿌린 사람과 같으니"
(마태복음 13:24)

벚꽃

꽃잎 바람타고
눈처럼 날리니

봄바람 좋아서
하얀 너울 쓰고
아지랑이 속으로
빠져든다

자연의 신비
시심을 깨우는구나

이 봄에!

신비

따뜻한 마음
온화한 얼굴
봄 다가오니

돌개천 가슴 흐르는 물
버들강아지, 진달래, 철쭉꽃
피우며
아지랑이 보슬비 쏟으니

계절의 신비 속에
님의 체온 느낍니다.

인지상정

꽃밭을 나는 벌, 나비
꿀 찾아 이곳저곳

꿀이 있는 곳
오래 머물고
꿀이 없는 곳
휭 지난다

꿀이 다하면
어김없이 떠나는
벌, 나비

그 잎과 발로 암수의 수정
돕는 선행
더불어 사는 지혜 있구나

꿀 찾아 숲 맴도는
인간은 어떤가?

님의 형상 받은 자야!
꿀을 먹더라도
더불어 살아가는
벌, 나비의 지혜를
배우려무나.

농촌이 그리워

솔바람에 날리는 벚꽃
아스팔트에 뒹굴고
가지들 분주히 푸른 잎 길쌈한다

성급한 목련 봄 알리니
나무들 향연 피어난다

가득한 정원 까치 한 마리
나무사이 헤엄치듯 다니며
깍깍하는데
인생은 봄을 위해 무엇을 할까?

아파트 숲속보다 두엄내음 나는
농촌이 그리워지는 날이다.

"인생은 그 날이 풀과 같으며 그 영화가 들의 꽃과 같도다"
(시편 103:15)

여유

파란 숲 하얀 지붕
꿀벌 부르고

아카시아 꽃향기
바람타고
내 마음 흔드는데

저만치 장미는
얼굴 붉히고

가고 오는 세월
허무함을
님 사랑으로 달래는구나.

꽃의 향연

봄 마중 나온 벚꽃
알몸에 든 하얀 꽃다발
봄비에 꽃 잎 지고
파란 옷 입어 가는구나

봄 앞에 꽃 잎 뿌리니
아지랑이 응답하며
생명 이고 달려오는구나

목련의 만세소리
개나리의 부채 춤
진달래의 빨간 가슴

신비의 조화가
길손의 마음 밭에
시심을 심었구나.

오월의 기도

계절의 여왕
가슴 생명 키우고
사랑 흐르는 강
아름다운 꽃처럼 피어난다

사랑에 부푼 가슴 혈육의 정
연약을 덮고 약자가 큰 자 되고
헌신과 섬김이 자원하는 곳

순사랑 짝사랑
모닥불처럼 피어나고
희로애락 함께하며
생로병사 이겨내며
생명을 토해낸다

창조주 택한 생육 번성의 밭
가정의 소중함
지혜자만 알겠구나

가족 의미 알도록 지혜 주어
영원한 요새 주님의 품 둥지 삼아
사랑노래 하게 하소서

이 좋은 날에….

어버이

작아도 큰 거인
좁아도 넓은 가슴
연약해도 요새처럼
자녀의 맘에 안식됩니다

세월가면 더 생각나고
나이들면 더 그리워지는 님
온 몸의 깊은 뿌리 어버이

빨간 카네이션 대할 땐
그리움 왈칵 눈물 쏟고
못 다한 효도 후회하며

영원한 그 나라 님의 품
함께 만날 날 기다리며
님 주신 진리 오솔길
조용히 걸어갑니다.

"좁은 문으로 들어가라"
(마태복음 7:13)

어버이의 길

빨간 카네이션 속에 피어나는
곱고 순결한, 어버이의 사랑 가슴
세속에 시달려
파랗게 멍들었어요

검은 머리 하얗게 바래도록
자녀 행복 빌어오다
허한 가슴 안고
공원 벤치에 멍하니 앉네요

오호라!
심는 대로 거두는 님의 음성
서운한 가슴 추억을 일구네요

추수하는 농부
봄생활 생각하니
후회, 회개로 눈물의 강수
입가로 흘러들고

가신 부모 맘 뒷따르며 알게 되니
후손 이해되네요

인생 나그네 길, 험산 준령이나
님 계신 낙원 있으니
어둠 속에 빛 만난 기쁨이네요.

철쭉

빨간 철쭉
하얀 철쭉 암벽에 붙어
누가 몰라주어도
스스로 잘났구나

무더위 오기 전
색색 신비 토해 내고
찌는 듯한 더위엔
내년 봄 준비하며
키를 키우리라

한 때 한 때 필요한 안식
순간을 잡아보니
사철의 조화
행복이 영글어 가는구나.

행복의 호흡

봄이 무르익어
하얀 벚꽃
가루 뿌리며
여름의 길목
열어놓는구나

오는 세월
막을 수 없으니
가는 세월
어찌 잡나

검은 머리 파고드는
세월의 길
하얀 머리카락
솔바람 나부낀다

겉사람 후패하나
속사람 날로 새롭다 하니

가는 기쁨을 이별하고

오는 세월을

가슴으로 맞는다

아! 행복이

나의 호흡 되는구나.

사는 의미

당신은
인생을
어떤 재미로 사나요

당신은
자신의 존재가
얼마나 가치 있다고 보나요

당신은
지금 살아 있는 자의 향기가
피어나고 있나요
혹 의미없이 죽지 못해
살지는 않나요

당신은
앞으로 얼마나 살 것 같나요
당신이 떠나면 가져갈 것 있나요
누가 제일 슬픔에 잠길 것 같나요

한 그루의 나무가 자라 고목되어
흙으로 돌아가는 것처럼
당신의 육체도 그와 같은 것

믿는 자 다행히
님의 보혈로 영혼 살렸으니
육체 흙으로 가는 날
영원한 세계 기억하고
허무 속 행복을 노래하며
범사에 감사하며
사는 것이 어떠나요!

장마 비

비가 내린다
며칠 째 쉼없이 내린다

가뭄을 잊어버린 만큼의 날들
난개발의 상처 피로 토해 내고
자연의 아픔 홍수로 돌려준다

생각없는 사람을 비웃기라도 하듯
농작물 축사 등을
한 섞인 가슴으로 안는다

자연의 파괴만큼
인간에게 고통을 돌려주는
너는 나의 스승이 되었구나.

"싹이 나면 너희가 보고 여름이 가까운 줄을 자연히 아나니"
(누가복음 21:30)

태풍

태풍 매미가 할퀴고 간 상처
봄이 되어도 아물지 않는구나

봄을 맞지 못하는 토사의 무덤들
어릴 때 받은 상처처럼
굳게 자리 잡고 있구나.

곳간에 들어가는 낙

봄의 태양 산을 넘어
석양의 응달을 어루만지니
파란 새싹 생명 있음을
알리는구나

여름의 태양 사랑의 용광로
산악에 솟으니 푸른 색 더하고
속속들이 자신의 실력
키우는구나

가을바람 산 숲 숨어드니
자신의 신분 드러내고
빨강 노랑 단풍잎
화려한 옷 벗고
속 주머니 열매 드러내는구나

은행잎 바람에 노랑나비 되어
하늘 맴돌고

은행 알 땅으로 향하는구나

바람에 나는 기쁨 없으나
곳간에 들어가는 낙 있음 알아

열매는 언제나 외로워
가을이구나.

그림자

물속 하늘 향해
깊이 뻗은 플라타나스

하늘만큼 깊어
거꾸로 있어도
아름다운 맑은 날

길손의 발걸음
조용히 멈추게 한다.

"여호와의 집에 거하여 여호와의 아름다움을 앙망하며"
(시편 27:4)

가을 산

숲은 안개 안고
태양 하늘 빛 내리우고
빨간 단풍은 뿌리 곁으로
조용히 내려앉는구나

색색의 옷 고와라!

세속의 눈 살며시 닫고
자연의 숨결에 감성의 눈
열리는구나

솔나무 내음 코끝에 묻어나니
낙엽에 묻힌 송이버섯
자연의 신선함
미식가의 구미 돋구는구나

아! 아름다운 조화들
능하신 님의 작품이구나.

열매로 말하라

봄 햇빛
사랑 쏟아 싹 틔우고
여름날 푸른 잎 춤추며
행복을 노래하는 나무야!

가을바람
열매 보이라고
찬바람 섞어 부니
빨 노의 옷 갈아입고
한 마리 새되어
바람 날개 달고
공중을 나는구나

열매있는 나무
환하게 웃으나
알몸 나무 수치심에
얼굴 경직되는구나

오늘따라
못생긴 포도나무
재목 못되는 감나무에게
열매로 실력 보이는구나

님의 백성
행복의 에너지 됨 좋아
감사의 손 모아
양 볼에 보조개 머금고
사랑을 노래하는구나.

본성이 드러나는 계절

하얀 태양 받고
색색이 자신 드러내는 단풍잎
맑은 물 마시고
고운 옷 입는 잎들

환경과 음식은 같으나
만드는 색깔은
저마다 다르구나

양은 물 먹어
젖 만들고
뱀은 물 먹고
독 만드는데
환경과 음식보다
중요함이 그 본성이구나

열매없는 나무
가을에 무슨 말을 할까요

내 가슴 속의 열매
님이 받도록
기도하는 준비함이
지혜자의 마음이지요.

열매 맺게 하소서

푸른 잎 땀흘림의 열매
태양에 영그는구나

봄 지나 더위 이기고
가을열매 대롱대롱
아름답고 멋지지만

푸른 잎 지쳐 누렇게
얼굴 시들고 열매 탐내는
이들의 막대기와 돌팔매에
아픔이 더하는구나

오 님이여!
아픔과 시련 있어도 좋으니
내년에도 열매 맺게 하소서.

감사의 씨

푸른 잎 열매 만들고
노란 잎 바람나래 달고
조용히 땅에 내려 앉는다

초겨울 비에 몸 적시니
힘없이 온 몸 땅에 붙어
서러움에 울고있구나

하늘 태양 낙엽 일으키니
솔바람에도 춤추며 달리는구나

아! 서러운 인생
진리 빛 임하면
작은 일에도
감사 씨 심는
추수 때가 오겠구나.

지혜로운 당신아

푸른 잎 화려한 옷으로
땅의 양식주심 보답하며
살며시 땅으로 내려 앉는구나

앙칼진 밤송이 알밤으로
개구쟁이 부르니
어려도 지혜있어
외모 취하지 않고 찌르는 가시
가지런히 들고 산길 내려온다

"야! 이 속에 알밤 들었어"
사랑하는 맘 들고
천하보다 귀한 생명 들었으니

지혜로운 당신아!
당신 쭈그러진 노구(老軀)
소중히 여기는 지혜
님의 선물이구나.

"좋은 감람나무에 접붙임을 얻었은즉"
(로마서 11:24)

추수 감사

행복한 당신
열매 맺을 수 있는 실력있으며
열매 기대할 님 계시니
감사하며

추수 때 환하게 웃을 수 있으니
행복하네요

구원 열매 맺는
십자가 사랑
인내, 용서, 사랑, 섬김
헌신의 열매 가득하니

물가 나무
유실수(有實樹) 기쁨

우리 가슴 깊이
만개(滿開)되었어요.

시와 찬미로

열매를 원하신 님
햇빛 주고 물 주어
밤낮 덮어
봄부터 가을 어지간히
기다려 주셨어요

독생자 주신 님
십자가 사랑 심어
영혼 구원 이루셨어요

한 해 동안
보호의 은혜 입히신 님
무엇 무엇 감사 할까요

전도하여 생명 드리고
물질드려 마음드려 순종하여
좋은 환경 드릴래요

낙엽은 떨어지나
열매는 곳간 향하니

시와 찬미로 거룩한 님
소망하며 사랑 노래
가득 채울래요.

10월에 핀 장미

10월에 핀 한 장미
계절 잃어버렸나보다

강남 길 잃어 방황하는 철새처럼
외로워 보이는구나

봄에는 싹과 꽃이 아름답게 보이고
여름에는 숲이 좋아 찾아가고
가을에는 단풍과 열매 아름다워 보이는구나

송곳바람 옷깃을 파고들 때면
모닥불 옆으로 조금 다가선다

하얀눈꽃 피는 곳 이르면
설경에 빠져 발걸음 멈추고
양손 바지주머니에 담고
멍하니 주님의 섬세함에
찬사를 보낸다.

"아름답고 거룩한 것으로 여호와께 경배할지어다"
(시편 96:9)

58

겨울에

초겨울 바람
문틈으로 숨어들면

장롱 잠재운 옷
함께 동행하고

겨울이 깊어지면
겹겹이 옷 감고

따뜻한 맘, 사랑이
필요한 계절이구나.

눈 오는 날

하얀 마음 펄펄 내려
앙상한 가지 하얀 눈꽃 되니
푸른 소나무 눈 짐 되고
조용히 고개 숙인다

하얀 마음 덮은 땅
한 장의 화지(畵紙)되어
창가에 펼쳐지니
태양이 그려낼 그림
설경 위에 구상 된다

세월의 물레에 일어나는 현상들
희노애락 추억담
나날이 소중하다.

눈아 눈아

산 희어 감고
찬바람 옷깃 파고들어

동장군 앞에 뿌려지는
하얀 가루
검은 아스팔트 위 내리니
차에 밟혀
눈물 된다

눈아 눈아
파란 소나무 위 내려
눈꽃 피지 못하고
차바퀴에 깔려
눈물 되니

소속의 누림 깨닫고
가슴 속 깊이
감사의 싹 돋아난다.

2부

평안과 믿음을 겸한
사랑이…

한 길

짧은 인생 살다가
조용히 하늘로 돌아가리라

머리털 하나 둘 빠지면
내 살날 점점 줄어들고
주님 앞으로
조용히 가리라

땅에서 누림 없어도
불평없이 하늘가는
밝은 빛 보며
묵묵히 걸어가리라

아낌없이 다 주고 가신
아버지의 뜻대로
십자가 상에서도
후회없이 가신 그 길
기쁨으로 가리라

나의 길 한 길로 정해 졌으니
걱정도 한가지 뿐
생명 구원하는 일에
최선을 다하리라.

사랑한다

하나님을 사랑한다
성도들을 사랑한다

그 사랑을 위해
오늘 하루도
최선을 다한다

가룟유다
십자가 지시는
주님의 모습 보고
뉘우침 기대했지만 …

나를 종처럼
작게 보는 이가 있어도
주의 종으로
충실히
살아가리라

사랑의 메아리 없어도
그 사랑 자체와 누림 알아

오직 사랑의 사람으로
바보처럼 조용히 살리라.

사랑하나 보다

당신이 보고 싶고
당신의 행복이
나의 기쁨이 되는 걸 보니
내가 당신을
사랑하나보다

당신의 힘들어함이
나의 마음에
근심이 되는 걸 보니
내가 당신을
아끼나보다

당신이 아플 때
불쌍히 여기는
마음 있는 걸 보니
내가 당신을
진정으로 사랑하나 보다.

새벽

님은 왜 십자가를
지고가야 했나요

님은 왜 사랑하는
아들에게 형벌의 십자가
지우셨나요

나약한 육체도 사랑할 수 없는 이들을
사랑하기 위해 고민하나요

어느 하나 이해 되지 않아
긴긴 밤 부엉이처럼 울다
새벽을 맞네요.

"자기를 부인하고 자기 십자가를 지고 나를 좇을 것이니라"
(마가복음 8:34)

감사만 있습니다

택한 님 은혜 입더니
주의 전 사모하며
님의 영 어둔 가슴에 불 밝히니
새 마음에 열매 맺습니다

오직 성령의 열매는
사랑, 희락, 화평, 오래 참음, 자비,
양선, 충성, 온유, 절제니
이 같은 것을 금지할 법이 없습니다

상대의 잘못만 기억할 땐
분노의 파도 밀려 왔으나
님의 말씀 거울되니 모두가
내 죄임 알아 속죄 은혜
감사만 있습니다

고통 질병 떠났습니다
문제 해결되었습니다

부흥 방해하는 악령이 물러가고
택한 백성 주의 장막에서
보호 받을 것입니다

악인은 멸망하고
성령의 사람은
말씀 순종, 기도 길 통해
행복 문 열릴 것입니다.

큰 기쁨의 싹

님 사랑 가슴에 은혜입고
살아난 영혼
육체 소욕의 암병에
신음하는구나

신구약 양식
영혼의 힘 돋우어도
육체의 소욕 이기지 못해
긴긴 밤 갈등의 연속이구나

인간 이성의 방법도
육체의 소욕임을 알아
님의 지식 순종하며
금식하며 기도하니

흉악의 결박 풀려지고
성령으로 오는 한 줄기 빛
영혼의 큰 기쁨 싹 틔우는구나

"시험에 들지 않게
깨어있어 기도하라"는 음성
사랑이라 믿어지니
십자가의 고통도 감사의 씨 되는구나.

복된 종들이 되게 하소서

아버지 뜻대로 보내임 받은 아들
큰 사랑 임하는 제물로
십자가 대형벌 받으시네요

눈 뜰 수 없는 수치심 느끼도록 옷 벗기우고
생명 유지 못할 정도로
아픔의 가시관과 쇠못 양손 양발 박히셨네요

"엘리 엘리 라마 사박다니"
처절한 실패자 모습 앞에
떠나지 않는 마리아와 사도요한
당신들은 위대한 분들이네요

외모를 취하지 않고
사랑과 진리를 좇는
참 성도의 모습
사망을 이기는 싸움, 헌신, 죽음 앞에
부활의 능력 임하게 했어요

님이여!
세대가 악해 옷벗기는 환경 와도 감사해요

대형벌에 필요한 고난이라면
달게 받겠습니다.
잘못된 생각을 고치는 가시 면류관이라면
거절하지 않겠습니다
손발로 지은 죄 대속의 벌이라면
기꺼이 받겠나이다

주인이 당한 고통
종도 당하는 법
주인이 존귀해지면
종도 대우 받지요

수치와 고통의 날 지나 부활의 날
영광 하늘의 천사 내려와
사망의 돌문 열어주시는

부활의 새 아침
기쁨의 환호는
택자만의 축제입니다

부활의 능력임함 입고
성령의 감동된 삶
빛 소금 성품 마저 님의 소원
영혼구원 이루고 함께 기도하고 단합하여

그리스도의 빈무덤 남기우고
계절이 풍성히 임하는
복된 종들이 되게 하소서

이 부활의 날에!

내가 싫어

당신을 보니
주님 앞에 내 모습이라

거울 속에 선 나
사랑 할 수 없고
묵인 할 수 없고
땅만 버리는 위치가 싫어

당신을 볼 때마다
내가 싫어
부끄러움 느끼며

회개와 겸손으로
새롭게 각성합니다.

난 아무것도 할 수 없습니다

박토에 심기어진 한 그루의 나무처럼
비바람 눈서리와 싸우다
때가 되면 조용히
떠날 수밖에 없습니다

철모를 때 야망도 많았고
남에게 지고는
못 견디는 자였습니다

때론 명예, 부, 이성적인 것도
나의 맘 깊은 곳에
꿈틀거리기도 했습니다

이제와서 돌아보니
바람을 잡으려 했습니다

이젠 알았습니다
님의 은혜 가운데 순종하면서

영혼은 낙원으로 돌아가는 인생이
그 이상도 이하도 아님을…

침묵하며 겸손으로 견디렵니다.

(마태복음 24:13)

나약한 나

할 수 없습니다
무엇이든지 말입니다
조용히 떠나고 싶습니다
내 사랑도 내 몸도
환경에 신음합니다

한없이 울어도 대안이 없어
산적한 일거리에
대롱대롱 달려있는 사람들
너무 소중해

이대로 떠날 수 없고
앞으로도 갈 수 없어
베개를 적시며
나약한 인생의 포로 되어
소리 없이
울고만 있습니다

주님!
나 조용히 떠나고 싶습니다
그러나
님의 뜻이라면
어떠한 환경에서도
조용히 견디겠습니다.

님께 속한 자 되고 싶어

성직의 소유자 되지 말고
님의 종으로 살아라

님을 향한 열매 없으면
성직의 사유화 되며

그를 통해 전도의 열매없어
잎만 무성한 나무되어
님의 책망만 받겠구나.

마음의 약

빈 마음으로
님의 사랑
가득 채우리라

네 힘으로 되는 것 없으니
님에게 맡기어라

영원한 세계 있으니
세상의 성공 없어도
마음에 누림 있으니
님의 은혜 중 복이어라.

"믿음의 분량대로 지혜롭게 생각하라"
(로마서 12:3)

영혼아

짐지고 가는 영혼아
창공 나르고 싶고
먼길 단숨에 뛰는 파도
육체의 연약 짐 무거워
쉴자리 찾는구나

영혼 사랑에 타는 불
가슴에 붙었어도
육신의 짐 무서워

웅글리고 불붙는 가슴 태우다
인간의 육체 한계 느끼며
한 줄기의 눈물로
영혼구원의 감사 노래
부르는구나

은하수 강 건너
님의 나라 낙원 향해

영혼은 달려가도
나의 초라한 육체는
침상에서
하늘의 기쁨과 땅의 일
아쉬움을 느끼는구나.

(시편 39:4)

이젠 벗어 봅니다

무거운 짐
벗어 버렸습니다

질 수 없는 짐을 지겠다는 착각
내 날이 아닌 내일의 염려
창조주가 아니면서
인간을 책임지려는 무리한 욕구를
조용히
벗어 버렸습니다.

이젠
하나님을 봅니다
그의 능력을 의지합니다
섭리의 사랑을 깨닫습니다.

요나가 탄 배의 강풍은
요나 보기엔 환난이나
하나님 보시기에

회복의 큰 사랑
고통을 보호로 보는
지혜의 눈 열어

범사에
감사의 바다로
두둥실 사랑 노래 부르면서
항해합니다.

그리움

지난 여름 떠나버린
진달래, 개나리
환하게 웃으면서 돌아오고
하얀 머리 쳐들며
찬바람에 울어대던 갈대숲과
발끝에도 파란 싹 돋아나는데

떠나버린 사랑하는 어머니는
돌아오시지 않으시네요

그리움에 지쳐 살다가
님이 예비한 낙원에서
만남의 봄
맞이하렵니다.

사별

나이는 병이라더니
지난 주일에도 반갑게 맞으며
미국가는 나에게
조용히 다가와 잘 다녀오라는
70세 초반의 홍씨 어른

한 주일 만에 세상 떠났다는
소식 안타까움
가슴 깊이 피어나나
영원하지 못한 육체
언젠가 벗어야되니

그의 영혼 님 통해
천국 있을 것 믿으며
사별을 낙원 입성의 날로 믿으며
다시 만날 날을 소망한다.

"오늘 네가 나와 함께 낙원에 있으리라"
(누가복음 23:43)

천국으로 가는구나

핼쓱하고 창백한
너의 얼굴본 지
금방인데
너는 먼길을 떠나는구나

님의 사랑 받은 가슴
영생의 싹틔우고
질병 거름삼아
급속히 자랐구나

부모 가슴에 묻힌 아들
애인의 추억에 머문 님
교회 속에 성도로
조용히 머무는구나

너 떠난 지난 주일
온 가정 님 앞에
예배드리는 모습

너의 작은 씨앗에
온 집안 구원시켰구나

짧아도 굵게 살고
큰 사랑 받은 너
영생 복락은
우리 모두의 큰 기쁨이란다.

에덴 기도원에서

푸른 숲 조용한 바위
심령의 갈한 목 축이며
세속에 지친 몸 던지려
뻐꾸기, 꿩 노래소리
물 흐르는 소리 들으며
님의 말씀 한줄 두줄 읽는다

아내가 사준 하얀 티셔츠에
자벌레 한마리
배둘레를 한자 두자 재고 있다

징그러워 얼른 떨어버리고
다시 내 마음은
주님의 사랑과 교훈의
신령한 공기를 호흡한다

에덴 기도원 중턱 작은 바위는
나의 영혼 소생시키는

감람원 찾아오는 샘물 같은 곳

20년을 한결같이 묵묵히 나와 같이 하나
기도원 원장 두 번씩 바뀌고
그토록 반기던 육체
텃밭에 계시네요

나는 언제 흙으로 갈까
군대간 막내아들 전화 걸어
"아빠 건강하세요 결혼해서 모시고
다니면서 효도할게요"
말만 들어도 고맙구나

'좋은 목사되는 것이 효도란다'
혼자 생각하다 싱긋이 웃으며
바위를 떠난다.

기도

생명을 주신 님
날개가 되어 준 이들
사랑을 담을 그릇들
모두 모두 님의 은혜의 선물

선물 때문에 님을 떠난
철부지 아이되고
옛날의 기억 잃으니
은혜를 배신으로 갚는
파렴치범이 되는구나

역사를 망각한 비루자의 아우성
선행보다 악행만 보고
부정적인 눈 열어 악을 찾으니
온 세상 불신풍조 하늘 찌르고
미움과 분열의 사상이
죽순처럼 돋아나누나

님이여!
화합과 사랑의 세상
공의의 물 흐르듯
행복의 동산을 가꾸게 하소서.

(시편 37:6)

건업리 기도원에서

아침 태양은
나의 창문을 변함없이
낮으로 노크하나
예전에 지저귀던 산새는
자취를 감추었구나

낯선 사람을 보며
자꾸 짖어대는 누렁이만
개집 주위를 맴도는구나

아침의 싸한 공기가
건업리 기도원을 휘어감아도
기도의 열정은 새벽을 삼켰고
조반 먹으라는 문 두드리는 소리 들리는구나

어제 먹은 회가 잘못되었는지
뱃속에 전쟁의 포성 들려
연세 드신 분의 정성

받지 못해 죄송한 맘으로
"오늘 아침은 먹을 수가 없네요" 한다.

휴가

삼복더위 찜통에
한해의 허리띠 다시 매고
추수할 힘 얻고자
일터에 분주함 뒤로하고
가족과 함께 조용히 쉼 품에 안깁니다

분주히 달려오다
중요한 일 보다
바쁜 일에 매이지 않았는지
구름 위 떠있는 비행기
착륙을 잊고 있지는 않는지
종이 한장 뒤도 못 보면서
전능한 님처럼 행한 어리석음은 없었는지

휴가 통해 자신 바로 세우고
행복의 씨 심으며
온 가족 화목의 꽃 피우길
손 모으며 맞이하노라.

"믿음은 바라는 것들의 실상이요"
(히브리서 11:1)

아무나 하나

하나님이 없다는 사람도 있구나
아무나 그렇게 말할 수 있나

아무나 시험에 드나
아무나 교만하고 자기주장 하나
아무나 이혼하고 타락 하나

시험드는 실력 있어야 하고
어리석은 사람이라야 가능하지요

믿음있는 당신 적당히 살 수 없고
미움, 분쟁, 이혼, 타락, 불순종 못해요

당신은 지혜자이니까요.

"지혜가 너로 선한 자의 길로 행하게 하며"
(잠언 2:20)

어디 덧나나요

내가 한 것 아닌데
못하겠다고 할 수 없네요

열심히 하자니
인본의 암초가
일꾼들 발목을 잡고 있네요.

가룟유다를 책망 안 하신
님 생각하니
묵묵히 그날을
참을 수밖에 없잖아요

베드로 같으면 사단아 물러가라
"너는 나를 넘어지게 하는 자로다" 하지만
베드로는 아니잖아요

돈이 우상되면 무엇을 못파나요
인신매매자 야곱의 집에 요셉 팔았고

주님 제자 스승 팔았는데요

복 받는 이유 잘 아시잖아요
전대에 구멍 날일 그만하고
들을 것 듣고 분별력 가지면
어디 덧나나요.

정신 나갔네

고얀 세상 욕하지만
누워서 침 뱉는 격이네요

저도 세상에 속해 똑같이 사는 주제
누가 누구에게 둘러대나

멍청하긴 스스로 속고 살면서
똑똑한 줄 아는 어리석은 자 누구요

가정도 못다스리면서
구멍가게만한 공장도 실패했다면서
대통령 정치 못한다고
교회가 문제 있다고
소주 한잔 걸쳐서 정신이 잘못된 것 같은데
자신 좀 보시오

요즘에 정신 나간 사람
생각밖에 많은 것 같네요.

"티는 보고 네 눈 속에 있는 들보는 깨닫지 못하느냐"
(마태복음 7:3)

왜

함께 동행하자 했는데
왜
짐이 되나요

기쁨의 포구되라 했는데
왜
근심의 포구가 되나요

성도 키우라 했는데
왜
세상으로 밀어 실족시키나요

정말 참기 어렵지만
한해만 참아보려고

입술 불어 터지도록
안타까워하네요.

"주인이여 금년에도 그대로 두소서"
(누가복음 13:8)

강도의 신앙

실패자 속에 성공자의 모습 찾아
실패한 미신 영혼 구원의 길
열었구나

님이 열어주니
십자가 상의 님과
동료의 모습 밝히 보고
님의 품에 마음 기울고
영혼의 참 안식 얻었구나

아! 원하는 자에게 안식을 선물하고
응답하니 믿음의 씨는 열매이구나

참 성공과 실패는
세속과 자신이 아닌
님으로 오심을 믿는 자가
참 지혜자이구나.

"오늘 네가 나와 함께 낙원에 있으리라"
(누가복음 23:43)

연못의 호흡

연못은 잠잠하려 하나
돌 던지니 풍덩 소리 하며
얼굴에 경련 일으킨다

연못은 맑음 유지하려 하나
미꾸라지 흙 속 파고드니
쉼 없이 흙탕물 만드는구나

연못 가슴으로 맑은 물 품고
수초 키우며 잠자리 날리우고
중천의 태양에 은빛으로 반짝이고프나
구름 태양 가리워
우울한 하루 보내지만

내일의 밝은 꿈
연못 가슴에 솟아나니
검은 밤도 기다림의 행복에
평안을 호흡하는구나.

병원 다녀와서

병원에 가니 절제할 것 많구나
태양 알러지 치료하러 가니
직사광선 피하고
사우나 유익 없고
돼지, 닭고기 당분간 먹지 말고
인삼도 열을 내니 유익 없단다

교사들과 저녁식사 하러 갔더니
돼지고기 나왔는데
의사 말이 생각났다
의사 위해 절제하나 건강 위해 절제하지

예수 믿으면
술, 담배 금하는데
이것 좋아하면
교회 올 때마다 스트레스 받겠구나
그러나 영육의 건강에 유익하니
자신이 선택하겠지

고기 먹고 사우나 가고
직사광선에 돌아 다닌다고
의사가 손해 보나?
순종하면 내가 좋고 빨리 병치료 받지

성경이 금하는 것 하고 싶으면 하세요
술 말로 드세요
담배 폐가 녹아나도록 피세요
그것도 줄담배 피세요
바람 피세요 자살도 하세요

그러나 결과는 형벌이니,
젊은 인생 탄식하며 살지 말고
만병의 의사되신 예수의 말 듣고
불편해도 묵묵히 순종해

영육의 병치료 받고
영생복락 누리는 지혜의 사람 되시길….

큰 은혜

창조의 님
흙으로 아담 빚어
생육하고 번성의 실력 주셔서
우리 나게 했어요

사망의 늪에 빠져 죽는 우리 살리려
십자가 상 피흘려 믿는 자 구원하심
큰 사랑 감동되어 성찬의 은혜
감사해 사랑노래 하누나

엄동설한의 냉기도
님 사랑에 감동
봄처럼 싹 틔우며
은혜의 강수에 사랑을 싣고
성탄의 큰 기쁨을
준비하누나.

"은혜를 베풀어 네 씨로 바다의 셀 수 없는 모래와 같이 많게 하리라"
(창세기 32:12)

새로운 각오

저 멀리 바라보이는 바다 위에
태양은 은빛을 만들고
조약돌처럼 반짝이는 크고 작은 배들
잔잔한 바다 위를 미끄러지듯 가며
누구를 간절히 기다리는 소나무는
묵묵히 바다를 바라보고 있다

사람들이 심은 야자수
훤칠한 키를 자랑하며
사람들이 심어 놓은 자리에서
밤에도 온 머리를 일렁이고 있다

아! 표현할 수 없는 아름다움
저 살아있는 것처럼 움직이는 바다
호흡 속에는 많은 물고기들이
헤엄쳐 다니겠지
저 넓고 푸른 바다의 마음을 가지기를 ….

손 모아 기도한다

님이여
더 푸를 수 없을까요
내 마음이 더 넓을 수는 없을까요
환경의 지배 받지 않고
항상 사랑할 수는 없을까요
젊음으로 돌아가서
젊음을 발산하며
사람을 사랑하며
복음을 전하는 주의 종으로
힘차게 전진만 하면서
살아갈 수 없을까요

그렇게 살 수 없을지라도
님이 좋습니다
님을 사랑합니다

지금까지 산 것도
님의 은혜임을 고백하며

오늘도 저 잔잔한 바다를 보며
좁은 마음 넓히며

비바람 눈서리를 이겨가는
사철나무가 되려고
새로운 각오를 합니다.

"나중까지 견디는 자는 구원을 얻으리라"
(마가복음 13:13)

참된 스승

칠흑 빛 속 환한 빛
길 열어 삶의 질 높여 주며
하얀 눈길 발자국 내어
안전한 길 알려주는 스승

함께 하면 평안하고
닮고 싶고 보고 싶은 스승
그림자도 밟지 않으려 했던
제자들은 어디로 갔나요

스승의 탄식을 듣노라니
제자의 메아리 들리네요
내가 닮을 스승
자칭 노동자라 하니
제자의 탄식 미래의 혼돈의 씨되네요

아!
풀같은 인생, 풀의 꽃같은 지식

참 스승 기대할 수 없으나
길, 진리, 생명 되신 사랑하는 님
부활의 님

당신만이
나의 영원한 스승입니다.

님이여

님의 눈에 가리우는 것 없으시니
그 앞에 누가 위선자 될 수 있나요

과거 현재 미래
확실히 아시니 무엇을 구할 수도 없구요

님의 큰 사랑 깨달아지니
님의 뜻대로 은혜 주세요

내눈에 추하든 좋든
님이 어떻게 생각하심이 최고의 관심이 되네요

나도 내 마음에 들지 않는데
누가 내 마음에 들까요

님이여!
난 연약한 종일뿐이오니
불쌍히만 여겨 주세요.

"의인과 지혜자나 그들의 행하는 일이나 다 하나님의 손에 있으니"
(전도서 9:1)

친밀한 당신

내 약점 말할 수 있으니
당신은 나와 친밀한 관계지요

나의 실수와 내면세계를 말할 수 있으니
당신은 진정한 나의 사랑의 텃밭이지요

당신의 묵묵한 표정도
애교로 보이고
투정섞인 말도 사랑의 노래로
들려지니
나의 집은 평안의 장소가 되네요

사랑은 상대를 이해하고
있는 그대로 받아들이는 것이
행복을 키우는 것임을
님이 알려 주셨지요.

"어떤 친구는 형제보다 친밀하니라"
잠언 18:24)

종놈 잡으소서

하얀 낮 서산에 숨기고
검은 밤 온 땅 지배하니
나의 육은
잠의 바다에
온몸을 잠그는구나

밤새 바람불고
낙엽 거리에 몸부림침도 알지 못하고
긴 긴밤 무심히 지냈구나

인생살이 반은 죽어살고
반은 육신이니
남은 날도 너무 작아
분초가 소중하구나

정신없이 사는 이들
천년 만년 살 줄 알고 발버둥치니
어리석은 육성의 시녀가 되었구나

해 아래 수고 헛되니

님이여!
미련한 종놈 붙잡아 주소서.

님이 계시기 때문이지요

님의 영만이
내 마음에 참 행복을
심을 수 있습니다

나의 경험과 생각은
허무와 좌절의 늪으로
빠져들게 할 뿐입니다

님의 영 떠나면
목 놓아 울 기력도 없고
살 의미도 없을 것 같습니다

지난 세월 사별의 강을 걷는 이들
님의 사랑의 눈으로 보지 않으면
슬픔의 눈물만 토하게 됩니다

님 열어 놓은 길
살며시 보여지니

한 줄기 사랑의 빛 통해
소망을 가집니다

님이여!
한그루 나무의 생 보다
우리의 삶이 복된 이유는
님이 계시기 때문이지요.

난 행복해요

미국을 여행한지 한 주일
시차극복이 쉽지 않구나

낮이면 나와 보조를 맞추고
밤이면 시험 공부하며
숙소의 희미한 불 빌어서 책을 보는 아내

이번 여행은 말수도 적고
식사 후에 약을 먹으면서도
자신의 일에 충실하려는 아내

한편으로 여행하면서까지
활짝 웃지 못할까 생각하다
결혼 후 27년의 나의 삶이 생각나

아내에게 미안한 맘 들어
하얀 시트에 묻혀 잠든 아내에게
사랑의 시심을 보낸다.

"이는 내 뼈 중의 뼈요 살 중의 살이라"
(창세기 2:23)

행복한 이들아

살수록 행복해짐은
오늘보다 내일이 더 좋아진다는
꿈이 있기 때문이며

농부의 씨뿌림의 수고도 마냥 즐거움은
심는 것 마다 풍성한 열매로 돌려주심
알기 때문입니다

반석 위 세워진 교회
음부의 권세 이기지 못하니
님의 품은 나의 요새요
만민이 기도하는 집

하늘 길 열리니
예배당 둥지에 님의 지체들
충성되이 여김 받으니
분초를 아껴 님의 뜻 이루어라
행복한 이들아!

"두 사람이 함께 누우면 따뜻하거니와"
(전도서 4:11)

3부

빛은 실로 아름다운 것…

빛 사랑

세춤한 날씨처럼
경직된 얼굴
세속의 염려가
웃음을 삼켰구나

따스한 태양
대지와 입맞출 때면
세속 염려 사르르 녹고
환한 웃음꽃 피어나겠지

빛사랑 행복의 씨
빈가슴 가득차
신령함으로 샘솟으니

님 앞에 거하는 자여!
특별한 누림이구나.

먼저 임한 사랑

하나님의 사랑
먼저 임한 사랑
님의 사랑, 부모의 사랑
조건 없는 사랑 임했구나

눈 뜨고 못 볼일 있어도
님 닮아 사랑만 할래요

조건 없이 보아온 님이 택한 이들
그 큰 사랑 닮아 먼저 사랑하고
댓가없이 영원히
사랑하게 하소서

님이여!
첫사랑을 찾게 하소서.

"어디서 떨어진 것을 생각하고 회개하여 처음 행위를 가지라"
(요한계시록 2:5)

사랑 1

사랑이 없으니
사람의 맘이 아니네요
사랑할 때 행복하고
사랑의 대상 있으니
소망이 생기네요

내 맘 고독의 병들게 됨은
사랑의 흉년 든 까닭이요
사랑의 님의 영
죄의 담 막혀
오시지 못하네요

사랑 식으니 감사 없고
있는 자 향한 욕구만 불태우는구나

창조의 섭리 무성하니
생명의 신비 무성하구나

아!
사랑담은 세상
슬픔이 더하니
님이여 사랑을 더 하소서
이 땅에….

사랑 2

사랑에
조건이 없지 않는가
조건이 있다면
벌써
참사랑이 아닐 수 있겠지

그냥 좋아 사랑하고
사랑하는 얼굴 빛나니
사랑엔 메아리 없어도
사랑 자체가 누림인 걸
체험자만 알겠구나

사랑에 메아리 기대하면
짝사랑으로 긴긴 밤
잠 못 이루는 고통이…

님이 나에게 보이신 그 사랑
아름답고 선한 것

가슴에 모닥불 지피우고
싱싱한 마음의 장작을
사랑의 검은 숯으로 구워보리라.

님의 사랑 받으셨네요

당신이 실패하여 탄식함보니
당신은 하나님께 사랑받고 있네요

당신이 부모라면
병든 자녀에게 보약 주기 전에
치료약을 주시지요

당신의 영적 병 치료시키시는
하나님의 사랑의 손길이 보이니
당신은 행복자이네요

교만병 치료 위해 낮춰주시고
타락병 치료 시키려 연약주시며
세상 욕망 발동 못하도록 가난주심은
님의 선하신 계획 속에 이루어지리요

육신적으로 안되는 것 있으시나요
먼저 신앙의 상태 점검하세요

필경 당신은
하나님의 선한 뜻 알아
범사에 감사하는 자
될 것이에요.

"심을 때가 있고 심은 것을 뽑을 때가 있으며"
(전도서 3:2)

십자가 위에 핀 사랑

죄와 허물로 죽은 인생
지옥 형벌 보응 받고
영원 불행 당할까봐
전능자의 큰 사랑
동행자 보내 주시어
십자가 큰 사랑 희생의 꽃
피우신 님

피와 물 쏟고 쏟아
죄의 결박 풀어 주고
영생으로 향하여

사망권세 이기시고
사망권세 이기게 하신 님

핍박하면 더 강해지고
십자가에 달면 다 이루고
죽이면 시공을 초월하는

몸으로 부활하신 님

그 님을 믿음으로
희망, 승리, 기쁨이
십자가에 핀 꽃으로
영원히 시들지 않는
우리의 거룩한 님!

(고린도전서 1:17)

예수를 바라봐

어렵고 힘들어도
예수님을 생각하니
아무것도 아닌 것 같아요

사랑하는 사람들
실망케하는 언행도
예수님 생각하니
오히려 감사해요

무례히 행한 이들 있어도
님께도
가룟인 유다 있었으니
모든 것 당연하고
감사의 조건이에요

예수를 바라보라는 음성
불뱀에 물린 택한 백성
놋뱀을 보란

모세의 음성 들리네요

생명과 기쁨,
평강의 마음 주는
예수님을 바라볼래요.

조화된 사랑

상대가 부드러울수록
자신은 모가 나고
자신이 부드러울수록
상대는 모가 나는데

부드러운 부분
모난 곳에 상처 입으면
언젠가는 조용히
혼자 살기를 원함 알아

부드러운 사람일수록
자신의 모난 부분을
보지 말아야
큰 행복을
유지할 수 있으리라

모가 난 사람끼리는
싸움이 있으나 유지되고

부드러운 사람과 모난 사람
싸움 없으니 이별이 있으리라

그러나 사랑이 있는
부드러운 사람과는
서로가 평안해
아름다운 환경을 만들고
행복을 누리면서 살아가리라.

빛 사랑 모임의 날에

섬김의 손 아름다움이
하늘 보좌 움직이고
쇠못 박힌 님의 희생
온세상 사람에게
사랑의 강수 흐르게 하누나

빌라도 손 씻은 그릇보다
베드로 발 씻기는 그릇되고파

겸손 사랑 가슴 품고
고행 길 행복됨 알아
몸 시간 드림도 부족하여
생명드리누나

썩어 없어짐보다 닳아 없어지는
쇠되어 반짝 빛 발하며
아름답게 죽어가고 죽어 가리라.

사랑하는 보배들아

하늘만큼 높은 꿈
바다만큼 넓은 마음
진리로 이뤄지니
님 닮은 보배들

"예수는 그 지혜와 그 키가 자라가며
하나님과 사람에게 더 사랑스러워 가시더라"

처음은 열악한 환경이라도
낙원의 행복 심는 이들
영육의 승리노래 세계 향해
토하는구나

불길처럼 타 올라라
흑암 밀어내고 의의 능력
온누리에 가득하도록
사랑하는 보배들아!

"여호와를 경외함이 너의 보배니라"
(이사야 33:6)

139

낙원으로 가는 길

행복의 낙원을 향하여

범사의 감사 씨 가슴에 심고

계절 따라 옷 갈아입듯

인생살이 변화무쌍(變化無雙)하니

생각도 많구나

엄마 태중에는 양수에 떠다니고

태어나 누워 먹고

힘 생기니 네발로 기다가

두발로 활보하고 세월 흐르니

세발로 걷다 침상으로 돌아가는구나

낙원으로 가는데 누가 막을 수 있나요

배꼽 탯줄로 먹는 때 지나

입으로 먹었는데

오늘따라 무색의 수액

핏줄 통해 먹고 있으니

방울방울의 수액만큼 생각도 많구나

사랑의 대상, 구원의 대상 많은데…

"마음은 원이로되 육신이 약하도다"

님의 음성 들리니
낙원의 기쁨이 현실 이기고
십자가 수고로 행복의 노래되는구나.

"네가 나와 함께 낙원에 있으리라"
(누가복음 23:43)

행복을 노래하자

행복한 너여 영원하여라
평안을 원하면서
어둠의 길은 웬 말인가

님의 능력 믿는다면서
환경과 사람 탓함은
무엇이란 말인가

지혜자 된 너여
사람의 숲 벗어나 파도 넘어
조용히 걸어오시는
님의 품 포구삼고

순종과 복종의 좁은 길 따라
생명의 풍성한 열매 맺으며
영원한 행복을
함께 노래하자.

"내 심령으로 찬양하리로다"
(시편 108:1)

빛을 노래하라

태양은 서산을 넘고
칠흙빛 세상 끌어 안을 때
외로운 등대 빛 토하고
길가 가로등 자신의 존재 알리누나

밤 깊을수록 필요한 빛
세상 어두우나 빛 노래하니
낮 좋고 밤 좋음은
님의 맘 가슴에 담은 연고요

범사에 감사하란 님의 음성
깜빡이는 등불에
기름 되었구나.

행복을 원하는가

고난의 아픔을 곱씹어도
님이 주신 꿈을 키워갈 때
행복의 싹이 자란답니다

화려함과 넉넉함 보여짐은
외로움의 시간을 기도로 이기며
준비하는 자의 모습이지요

혼자 있을 때 님 만나는 사람
사람들 만나면 님의 모습 보여주고

은밀한 곳 거룩 없으면
좋은 모습 보여 주려고 해도
분노와 불평이니

보이는 것은 보이지 않는 곳에서
준비되고
보이는 것도 보이지 않는 곳의

실력이니라

행복을 원하는가
은밀히 보시는 님의 품안에서
거룩한 맘 되도록
회개의 삶 심어보려무나.

행복자의 길

당신은
기도할 대상이 있으니 행복자
당신은
미움의 대상이 있으니 행복자

문제를 말할 수 있고
잘못을 말해 줄 대상 있음
복 받은 증거이구나

입이 있어도 말 못하는 세상
마음껏 울어 볼 수도 없는
폐쇄되고 짓눌린 세상도 있는데
당신은 열린 세상에 살아가니
행복자이구나

이래저래 한 세상
웃다 울다 가는 길

행복자의 길

꼭 되어도 안 되어도
가는 시간 가누나

종착역 님의 은혜로 낙원이니
가는 세월 잡지 못해 백발로 피어나도
오직 감사만
주야(晝夜)의 호흡되는구나.

행복의 땅 일구며

아름답게 세움입은 사람들에게
면류관 씌우시려
고귀한 직분 주셨어요

혼돈의 때 은혜 입히어
방주 짓는 복 주신 님
영혼의 낙 누림 키우는 산실
성전을 주셨어요

신랑 더부살이 힘든 것처럼
예배당 더부살이 서러움
하늘이 감동했어요

이제부터 부어준 은혜
곳간의 창고 넘치도록
행복의 땅 일구며
사랑노래 불러요

아!
좋은 날에 감사 감사
택자의 호흡이 되는구나.

두려워 말라

광야에서 음식 제공하며
명예욕 다 버리고
오직 하나님 뜻 이루시려
헌신의 생 이루었어요

풍랑에 갇혀
고생하는 제자에게로
물 위 걸어 찾아오신 님

유령이라 소리쳐도
서운한 표정없이
"안심하라 두려워 말라"

흔들리는 배 오르시며
바람과 바다 잠재우시는 것처럼

상한 우리의 맘 성령 오심으로
문제 문제 묶으시고

행복한 가정
살기 좋은 세상 만드소서

오!
님의 능력을 체험하며
감사하게 하옵소서.

아름다운 관계

아버지 아들이라 하고
아들 아버지라 해요

둘 중에 한쪽만이라도 부정하면
관계 성립 불가능해요

하나님을 아버지라 하니
하나님이 아들이라 하네요

아버지, 아들의 배경과 의지되고
아들, 아버지의 사랑과 보호받으니
아버지 능력만큼 실력 있지요

참 아들 아버지 뜻
마음에 채우고
그 큰 능력 믿고 담대한 자 되지요

당신은 아버지를 삶으로 믿나요.

"너는 내 아들이라 오늘날 내가 너를 낳았도다"
(시편 2:7)

님의 힘

피조물 풀과 같고
풀의 꽃 같으니
힘없음을 앎은
지혜자의 마음이요

전능자 창조주
우리의 주인되었으니
님이 주시는 맘과 힘
덧입고 사는 고매한 사랑이요

아름답고 귀한 님의 사랑
죄인을 의인되게 한 사랑
원수를 위하여 독생자 주신 사랑
불순종자 순종할 때까지 기다리는 사랑
무지한 자 지혜자가 될 때까지
오래 참으시는 큰 사랑
님께 힘 입어요.

"모든 육체는 풀과 같고 그 모든 영광이 풀의 꽃과 같으니"
(베드로전서 1:24)

아버지와 탕자

아버지의 사랑받는 아들
그 신분의 누림 권세로
돌아 올 분깃을 달라네요

아버지의 의무라 생각하여
둘째아들에게 돌아갈 분깃을
아낌없이 주시네요

죽을 때 유산으로 주는 것
먼저 달라 해도 아들의 뜻 따르네요

유산 받은 아들
아버지의 물질을 가졌어도
아버지께 기쁨 대신 고충을 주었어요
아버지의 관심과 사랑을 실은 맘 두고
멀리 갔어요

아버지 고충이 시작되고

기다림의 아픔을 가져다 주었어요
아버지, 세상이기는 실력 가르쳐 주고
양육과 교훈의 대상 없이했어요

아버지의 사랑을 아픔으로 갖다 주는
집나간 탕자 혹시 당신은 아닌가요?

당신을 길러주신 부모,
구원시키신 하나님
양육자와 얼마나 동행했나요.

돌아 온 탕자

모든 재산을 탕진한 아들
실패자의 모습으로 돌아 온 아들
그는 효자가 되었습니다

아버지가 볼수 있는 위치
"이에 일어나서 아버지께 돌아가니라
아직도 상거가 먼데 아버지가 저를 보고
측은히 여겨 달려가 목을 안고 입을 맞추니"

아버지의 사랑을 심을 수 있고
내 아들이라고 자랑할 수 있는
자리에 와 있습니다

아들의 몸과 마음 돌아와
그 정의 행복을 깨닫고 돌아왔습니다

아버지의 재산
아들 위해 쓸 수 있는 위치로 왔습니다

아들의 생명 소중함을 느끼도록 했습니다

동리 사람과 파티 하게하고
풍악을 울리게 했습니다.

효자는 아버지 품에서
보호 받고 감사하며 사는 아들입니다

하나님의 아들 된 성도들의 모습
탕자였던 아들인가요
아니면 의무감에 붙잡힌 큰 아들인가요.

행복의 밭

사랑의 나무 가꾸더니
결혼의 열매 맺었구나

검은 양복 하얀 드레스
물들지 않는 맘
순수함으로 어울려
색동천 사뿐히 발맞추어
행복의 밭으로 가는구나

둘이 하나로 된 이들아

님이 닦아 놓은 반석위에
금같은 믿음 키워
영육의 낙원 물댄 동산 만들어

시절 좇아 풍성한 삶의 지혜
아름 안고 사랑노래
호흡이 되려무나.

"남자가 부모를 떠나 그 아내와 연합하여"
(창세기 2:24)

이혼은 곤란해요

해아래 새것 없는데
어째서 새것 찾나요

완전한 사람 한 사람도 없는데
어째서 믿을만한 의인 찾나요

이세상 있는 것 또 있고
실수하면서도 용서의 주님안
긍휼의 실력으로 사는 것 은혜잖아요

하나님이 짝지어 주었으면
그 짝이 최고요
신발 갈아 신으면 당신의 선택이라
더 힘들 것 같네요

짝 잘 맞추시는 님께
조용히 물어보고 모든 것 결정하면
좋을 것 같아요.

"여자는 남편에게서 갈리지 말고"
(고린도전서 7:10)

황혼의 아름다운 노래

황혼의 빛 산마루에
행복의 솔바람 성민원 호수
거룩히 동하는구나

사랑의 호흡 실바람 가슴 부풀게 하니
아름다운 선율이
천사의 노래 메아리 되는구나

희로애락의 강 건너고
북망산 넘어 낙원의 빛

하얀 머리카락 배어드나
님 나리우신 십자가 은혜
보슬비 되어 거룩과 영생을
온몸으로 받으며
노년에 기쁨을 아름 안았구나

두둥실 행복이여

영광이 오직 님에게 돌아가고

석류알 빨간 가슴 살며시
수줍음 드러내고
찬양으로 호흡하는
실버의 아름다움 보여져

온 성도 사랑의 마음 담아
박수로 영광을 님에게 돌립니다

이 좋은 밤에!

노심의 탄식

농경사회 대가족
저녁이면 타작마당에
모닥불 피우고 멍석 깔고
먹으며 화목했는데

산업사회 되면서
핵가족으로 대가족 무너지고
부모님 몸둘 때 없다네요

온몸 소진하고 모든 것
자녀 위해 바쳤는데
정보사회 일어서니
핵가정도 하나되지 않고
부부도 따로 하려 하네요

재산따로 생각따로
이젠 자녀도 여자성 따르게
해 보겠다는데

예수 마리아 아들되면
원죄는 어찌할까?

미국가니 아내의 성
남편 따라 가는데

동방예의지국 무너지고
백의 민족 빨간 옷 입혀
붉은 악마 이름지어 주니

민족전통 없어질까
노심이 탄식하네요.

기다림

여름 오면 가을이
겨울 가면 봄이 오나
인생은 한번 가면 오지 않는 법

젊음 가면 노년 오고
육체 흙으로 가니
영혼은 님 만드신 길 통해 낙원가누나
가는 세월 서러우나
오는 나라 아름다우니
나날이 감사하여
내 마음에 호흡되는구나

머리털 하나 검고 희게
할 수 없는 자신의 의지 버리고
창조주의 능력 의지하며

사랑노래 부르며
당당하게 그날을 기다립니다.

"스스로 성결케 하여 내일을 기다리라"
(여호수아 7:13)

염려 없어요

가는 세월 잡을 수 없고
오는 백발 막을 수 없으니
있는 세월 아껴 쓰고
오는 백발 기쁨으로 맞이하자

성민원 둥지엔
십자가 좁은 길 통해
영생의 누림의 선물
염려의 맘
날아갔구나.

"백발은 영화의 면류관이라"
(잠언 16:31)

노년의 지혜

시작은 끝으로 가는 길
끝은 시작으로 가는 길

힘들고 어려운 일
휴식과 평안의 소중함 알게하는 스승되고

폭풍우 몰아치면 건물의 든든함 알게 되고
핍박과 바쁜 일 몰려들면
님 향한 사랑 알게 되리니

이래도 저래도 유익 뿐

아무도 원망하지 않고
그 무엇도 의식하지 않으니

남은 날 오직 님과 동행
사랑 노래 부르며
살아 갈 수밖에 없겠구나.

"스스로 지혜롭게 여기지 말지어다"
(잠언 3:7)

님 통해 함께 가는 길

황혼의 아름다움
흰 머리카락 위
훈풍이어라

생각은 지식 먹고
감성은 사랑 먹고
육체는 음식 먹고

좋아라 춤추며
행복을 움티우고
낙원의 길 님 통해
함께 가는 이들

밑 빠진 독되나
복의 강물에 담구어
복된 자로 살아가련다.

(잠언 24:5)

아름다운 조화

하나님이 창조한 곳
혼돈과 공허가 있을 때

여호와의 신
수면에 운행함으로 질서를 잡아
바다와 육지 조화 이루고
자연의 아름다움 누리며 살아온 사람들

그 중에 택한 백성되어
하나님 섬기는 조상 둔 나라에
야벳 속의 샘으로 뿌리 내린지 100년

암석에 뿌리 내린 청솔처럼
모질게 자랐으나
그의 자태는 아름답구나

혼돈의 세계 속에
님의 성령의 바람 불어

생명 사랑의 훈풍으로
자유와 평화의 나라 소원하며

믿음과 인내의 열매
행복과 아름다운 조화
모두 하나님의 은혜로 믿어
영광 하나님께 돌리며
기도 손 모읍니다.

(시26:8)

질그릇에 담은 보배

하얀 눈 하늘 맘
온 대지 덮는 때
님의 형상 닮은이들
노동의 신성함 가슴에 심었구나

일하기 싫어하면 먹지도 말라는
님의 음성 듣고
둔한 손 모아 모아서
아름다움을 자아냈구나

낮을 밤처럼 평지를 돌밭처럼
삶을 짐처럼 느낄 때도

질그릇에 보배 있으므로
밤에도 낙원의 빛보고
장애의 짐 천국 징검다리 되어
행복을 노래하는구나

장하다 너여!
연약의 씨 님의 나라 상급되었구나

처음은 미약하나
나중에는 창대하기를 소원하누나.

조화

세상에 같은 것 없고
추한 것 있으니 아름다운 것 돋보인다
내 마음에 들지 않는 자 있으니
이해의 폭 더욱 넓어지는구나

내가 만든 환경
수시로 변하는 마음도
때론 마음에 들지 않는데
누가 내 마음에 들고
마음에 드는 환경 만들 수 있는가?

불가능함을 요구하는 어리석은 나여
가난한 자는 부자를 돋보이게 하고
타락한 자는 의인을 존귀하게 하는
도구 되는구나

빛 만이 좋은 것이라면
어둠이라고 다 나쁜 것 아닌데

흑백논리만 강조되는 현실

행복과 사랑의 참 조화를 보는
신령한 눈 열고
범사의 감사의 바다
순풍에 돛달고
조화 신비를 노래하려무나.

(시편 44:21)

생수처럼

넓고 먼 곳
보기 원하는가
높은 곳 오르는
수고 치루어라

큰 보호
받기 원하는가
전능하신 하나님께
온 몸 던져 버려라

귀한 대접
받기 원하는가
정금으로
자신의 가치 높이어라

오랜 세월
즐겁게 살려거든
생수처럼 매일매일

모두에 필요한 사람 되려무나

여보게 억울하면
진리의 허리띠, 의의 흉배
믿음의 방패 가지고
님의 감동 받고
크신 님의 실력으로
살아보려무나.

편견 없는 바른 뉴스

한 송이의 꽃은
감성을 깨우치고
편견없는 바른 뉴스는
세상을 바로 보게 하겠구나

양식으로 배를 채우고
소식으로 마음 채우면
진리와 행복이 가슴에 배어들고

부정과 편견 눈 가리니
분별력 잃어 사분오열
갈등하는 이들께

밝고 따뜻한 복지의 소식 심어
서로 서로 신뢰와 사랑의 꽃
피우며 박토에 뿌리 내리기 위해
눈물의 물 거름되었구나

처음은 미약하나 나중은 창대해
수없이 많은 사람들을
빛으로 인도해

물댄 동산 가슴으로
행복을 노래하겠구나.

옹달샘

숲속의 작은 옹달샘
언제부터 물이 줄어가요

목말라 찾은 짐승들
풍성한 물 마시지 못해
서운한 맘 가지고 가네요

왜 물이 말랐나요
누가 자연을 파괴했나요
창조 때 아름다움을…

아!
사랑 가슴 정 메말라
갈한 바가지 가는 길손

보면서도
안타까운 눈물 마른 마음
숲속 옹달샘의 슬픔이어요.

"갈한 자에게 물을 주며 마른 땅에 시내가 흐르게 하며"
(이사야 44:3)

자연

밤을 먹는 자연
건강으로 반응하고

밤을 빼앗긴 자연
공해로 죽어간다

밤에 환한 가로등
좋으나 인위적이라

자연 파괴되니

밤은 밤되고
낮은 낮되게 하소서.

새벽을 깨워요

밤은 잠에게 돌려주고
낮은 활동에게 건네주니
새벽의 징검다리에서
님의 음성 들려요

감람산 기슭 새벽이슬 맞으신
주님의 모습 닮고
믿는 자 행복케 한 꽃
십자가 위에 피우신
님 따라가요

골고다 길 자욱자욱
떨어진 땀방울
사랑의 생명 싹틔우고
새벽 깨우는
성령의 사람 되어요.

"날은 날에게 말하고 밤은 밤에게 지식을 전하니"
(시편 19:2)

정금의 믿음

금이 귀한 것은 어떤 환경에도
본질이 변하지 않기 때문이구나

불이 가하면 할수록
순수함 더욱 더하고
부드러움도 더하니

님도 택한 백성 향해
정금 같은 믿음
가지라 하는구나

비바람 눈서리
환난과 고통 속에서
반석 위에 집짓고
세상 이기는
정금의 믿음
소유하길 소원하노라.

"나의 가는 길을 오직 그가 아시나니…정금 같이 나오리라"

(욥기 23:10)

날

빛은 아름다우나
어둠에 속한 자에게
외면당하고

어둠은 불편하나
피곤에 지친 자에게
안식하기 적당하구나

낮 밤을 나무람보다
자신의 소속에 의해
선택이 결정되니

낮 밤의 조화
모두에게
행복의 씨가 되는구나.

"게으름이 사람으로 깊이 잠들게 하나니"
(잠언 19:15)

영혼의 꽃 피우는 자여

사랑으로 빚은 구원
님의 생명 제물 되고
하늘의 오솔길 안내자로
빛 사랑 가슴 품고
아브라함의 후예 되어
본토 친척 아버지 떠났구나

정 먹고 사는 육신 복음에 묻어 두고
진리 먹고 사는 영혼의 활동 꽃 피우며
심령의 매임 받아
박토에 던져졌구나

전능자 능력 입어
풀무불 안식 장소로
사자굴 높아지는 자리로
거룩한 님의 사랑
영혼구원 꽃 피우는
행복을 노래하려무나.

현재와 미래

봄 씨뿌림이 즐거움은
가을 풍성한 열매를
믿기 때문이며

현재 고난을
감사한 마음으로
극복함은
영원한 낙원
누림을 알기 때문이지요

행함의 결과 알 때
육체는 현실의 지배 받으나

마음은
미래의 행복한 세계를 기대하며
고통과 수고를 즐거워하며
좁은길 걸어가노라.

"주의 풍성한 인자를 힘입어…주를 경외함으로 성전을 향하여 경배하리이다"
(시편 5:7)

세계 복음화 이루는 씨

나 위하여 십자가 지신 님
성령을 보내 주셨어요

열린 마음 주심으로
길 되신 예수따라
교만없이 겸손만 가지니
회개만 가득합니다

박식한 종이지만
한길 진리의 좁은 문 선택하여
성스러운 맘 품고
목적이 분명하고 사람을 사랑하는 종으로
인도한 님

행복 사랑 복의 문
아무도 닫을 수 없는 문
디아스포라 붙잡고 일하여
세계복음화 이루는 씨되게 하소서.

"오직 성령이 너희에게 임하시면…땅끝까지 이르러 내 증인이 되리라"
(사도행전 1:8)

원천

지혜자여!
옹달샘의 바닥을 보았는가?
물이 솟는 곳의 소중함을 알리라

물이 솟는 곳은
정돈됨도 없고
아름다운 곳도 아니요
자연 그대로 자갈 모래 떠밀고
쉼없이 물을 토해 내는 곳

당신이 지혜자라면
그 무엇보다도 물이 나는 근원이
막히지 않도록 항상 보호할 것이리라

지혜자여!
보이는 것 보다 보이지 않는 것의 소중함을
한번쯤 생각해 봄이 어떨지….

"생명의 원천이 주께 있사오니"
(시편 36:9)

자족을 키우세요

일해 보지 않는 자는
휴식의 맛을 알지 못하리라

최선을 다하지 않고는
그 일에 만족을 기대할 수 없으리라

탈진해 보지 않은 사람은
건강 회복의 소중함을 알지 못하리라

님이 주시는 이것저것 체험은
여러환경에 접한 이들을 위한
훈련이리라

조용한 밤 바울에게 하신
사랑의 말씀이
가슴으로 흘러드는구나.

4부

지혜있는 자에게 교훈을…

방파제

바닷물은 바람에 쫓겨
방파제로 몰려온다

콘크리트 조형물 사이로
싸악 소리내며 들어왔다
스르륵 물러가고

포구 배들의 등대들아
항구에서 깃발을 펄럭이며
쉼을 즐기고 있구나

님이여! 포구의 마음되어
세속에 밀려오는 세력을

하얀 파도 없이 안전하도록
가슴으로 받아 인내했다가
다시 돌려보내게
깊은 맘 만들어 주세요.

"빙가 예수의 가슴에 그대로 의지하여 말하되"
(요한복음 13:25)

경포에서

바다 끝 벼랑
빛 솟아 오른다

어둠 소리없이
빛 속에 녹아 버린다

바람은 물피리로 철석이며
입가에 하얀 거품 물었다

소나무 사이로 펼친 바다
바라보는 눈길에
대나무 잎 흔들림 가냘프다

좌우 모래사장 보며
아침 맞이하니

경포대의 아름다움
마음에 심기는구나.

사람의 마음따라

밤새 칭얼대는 파도 넘어
붉은 태양
솟아 오르는데
한 여인의 고통의 몸부림은
산고의 아픔만큼 가슴저민다

행복한 하루를 시작해야 할 시간
바다 물로 뛰어드는 여인
허리만큼의 물 들어가니
잡으러 가는 남자
물줄기 순순히 끌려도는 것 보니
죽기는 싫은가 보다

아! 이 좋은 환경
한 수의 시와 콧노래가 나올만큼
소망의 아침이나

님없는 마음은 불행의 시간

죽지 못해 살아 가는 것
사람의 마음따라
생각과 행복도 다르니
오로지 감사하며 지낼 수밖에….

193

보문 호수에서

하늘 햇빛 내리고
물결 은빛 반짝이니
백조 주인없이
선착장에 쓸쓸히 앉았구나

푸른 숲 휘어 감고
사랑의 발걸음
조용히 오갈 때
속삭이는 용광로
가슴에 산소를
불어 넣는구나

피조개 환원한 존재
너 나의 조화는
님 사랑의 십자가 뜻
행복한 삶의 호흡되는구나

아름다운 보문의 호수는

오늘도
길손의 빈 마음
행복으로 채워주는구나.

(시편 107:9)

하룻밤 인생

검은 밤 품으니
잠자리 준비하고
환환 빛 중천이루니
밝은 마음 일어난다

그토록 원한 호텔 방
빈 방 만들고
침대 이불 베개 버리고
짐꾸려 나가니

잠시 머물다간
세상의 모형이어라.

갈대밭

갈대밭 가로질러
맑은 물 흘러가니
군대 군대 웅덩이 속
송사리 가족 춤추는구나

강가의 나무들 낙엽지고
갈대 머리 하얀 백발에
가을을 뒤로하는구나

하얀눈 찬바람 맞을 준비하며
성숙함을 더해가는구나

냉냉한 겨울 가고
만물 소생시키는 때를 기다리는구나

가고 오는 세월도
행복이 피어남은
님의 품안의 삶 영원하리라.

"모든 생물 사이에 된 영원한 언약을 기억하리라"

(창세기 9:16)

통영에서

다정히 둘러앉은
크고 작은 섬들

잔잔한 바다에
유람선 띄우고
암벽의 소나무
삶의 끈질긴 자태
귀하고 아름답구나

푸른 바다
미끄러지는 배
하얀 거품 물고
가는구나

넉넉하고 여유있는
바다의 마음되어
조물주를 바라보노라.

"빛은 실로 아름다운 것이라 눈으로 해를 보는 것이 즐거운 일이로다"
(전도서 11:7)

튀김 집

짜글짜글
기름 김 토하며
움직이니

축 늘어진 새우 한 마리
가루 반죽 두루 감고
들어간다

부드러운 드레스는
각을 세우고
붉은 꼬리 위로 세워
철사 쟁반에 성큼 올라 눕는구나

누가 간장 찍어
허기진 배 채우겠지
술안주 아닌 조물주께
기도하며
신의 에너지 되길 기다리는구나.

"우리의 유월절 양 곧 그리스도께서 희생이 되셨느니라"
(고린도전서 5:7)

음식과 건강

좋은 음식은 맛보다
먹고 난 후 건강에
유익을 주는구나

맛도 좋고
건강에도 유익 있으면
좋으련만

입맛이 오염되어
만족시키지 못하니
자연식 좋아라 하는
입 없으나

맛보다 자연식으로
묵묵히 요리하는
지혜의 종이 되련다.

"악한 눈이 있는 자의 음식을 먹지 말며 그 진찬을 탐하지 말지어다"
(잠언 23:6)

하늘에서

비행기에 몸 싣고
구름 위 올라가니
계단 모양 창가에
아름다운 구름의 향연

맑은 하늘 환한 빛
님의 마음만큼이나
맑은 것 같구나

둘째 하늘 빛 이 정도라면
셋째 하늘은 얼마나 밝을까

님이 열어 놓은
셋째 하늘의 누림만이
참 행복이 되겠구나.

(시편 123:1)

냄새

한 청년의 결혼식 날
현관에 들어서니
담배 냄새가 코 끝에
묻어났다

예배당에서
누가 담배를 피우나
살펴 보았지만
아무도 태우지 않았다

알고보니
담배 피는
사람의 옷과 몸에서 나는
냄새였다

님의 말씀에
생명의 냄새와 사망의 냄새가 있고

사람은 누구나
음식과 생각에 따라
삶의 냄새가 있음을 알게 된다

나의 몸에는 어떤 냄새가 날까?

"자기 머리털로 그의 발을 씻으니 향유 냄새가 집에 가득하더라"

(요한복음 12:3)

해변에서

가을 문 조용히 열리니
해변은 인적이 물러가고
하얀 파도만
모래사장을 드나든다

낭만의 무대되어
옴폭 파인 발자욱들
파도손 펴 지우누나.

가을지나 겨울되면
썰렁한 공간의 해변
갈매기 한가로이 날고
여기저기 해수장 흔적
찬바람에 울면서
여름을 부르겠구나

계절은 물레방아 돌고도나
인생은 한 번 가는 길

돌아설 수 없으니

한 길도 신중히 걸어야함
지혜자만이 알겠구나.

기도밖에 없습니다

날틀 타고 하늘 공간 통해
태평양 상공 나르고

기류 변화로
날틀이 심히 흔들리고
생사의 갈림길 두려움
신앙의 잠 깨워
전능자 바라보며
기도하게 합니다

나와 함께 하심 깨달으니
두려움이 평안으로
흔들림이 감사로
가슴에 흘러듭니다

나라도 가정도 개인도 교회도
흔들리게 하심은
님이 함께 하심을

알게 하시는 큰 사랑이었습니다

오늘도 신앙의 잠 깨워 주심
흔들림의 환경들
기도밖에 없습니다.

상해에서

나라 잃은 서러움의 방랑자
독립의 한 품고
임시정부 만들어
자유의 씨 심었구나

빛바랜 태극기 가슴에 품고
애족의 용광 가슴
분노의 폭발물 되어
일본의 지도자 향해 터졌구나

서러운 우리민족
나라가 품지 못해
서럽게 서럽게 애국을 소리치니
윤봉길의 이름 남기고
슬프게 돌아갔구나!

"여호와께서 성을 지키지 아니하시면 파숫군의 경성함이 허사로다"
(시편 127:1)

싸이판에서 성도들을 그리며

피곤의 긴 잠
태평양 솔바람에
날려 보내고

젊음을 불태우며 목회한
그 때 그 열정
삼월에 개나리 진달래 피듯
피어나고자 준비하네요

두 주일 보지 못해 궁금하나
님의 보호 믿으니
참 평안이네요

아름다운 만남은
약할 때 유지되고
진정한 사랑은
떨어져 있을 때
체험되네요.

참 행복을 주소서

백두산 천지 의젓함
자자손손 백의 민족 깃발되고

쉼없이 솟아나는 물
한 민족의 저력되는구나

북녘의 가난의 소식
내 마음에 시리도록
폭포만큼의 눈물이 흐르는구나

도문의 낡은 다리 건너
북녘으로 가는 길목

인적 드물고
벌거숭이 산들은
서러움의 아픔을 이기려는
가녀린 처녀의 마음이구나

허름한 두 대 빈 차로
북녘 향함 보니 곡식 한 차
실어 보내고 싶구나

망원경으로 보이는
두만강 건너편
초병의 두사람 총메고 걷고 있구나

시골의 기차역 조용히
곳곳의 자유를 불어내는구나

님이여!
배고프고 자유없다면
무슨 재미로 사나요
이 땅에 행복을 심고 부어 주소서.

"네 원수가 배고파하거든 식물을 먹이고"
(잠언 25:21)

백두산 정상에서

한 민족 자존심만큼
우뚝 솟고
백의민족 가슴만큼
깨끗한 물 품었구나

님의 사람들 찾아오니
사랑에 감동되어
하얀 구름 옷 벗고
알몸 드러내며
천지의 맑은 물
태양에 반짝이는구나

반석으로 굳게 서서
푸른 물 가슴에 안으니

쉼없이 솟아나는
비룡폭포 만들어
압록강 근원이 되었구나

반석되신 님의 사랑
온 세상에 흘러 보내리라 다짐하며
두 팔 벌려 하늘을 호흡하노라!

"그 집을 반석 위에 지은 지혜로운 사람 같으리니"
(마태복음 7:24)

미국에서

님의 뜻이라 믿어
산적한 일 뒤로하고
비행기에 몸 싣고
태평양 건넌 지 한 주일
가는 곳마다 말씀 사역 분주하니
좋은 종이네요

혹시라도 담임목사 없다고
허전해 하지는 않을까 걱정했더니
"목사님 안 계셔도
하나님의 은혜로
모두 잘 있을 것이에요"라고
사랑하는 아내가 말하네요

이번 성탄과 새해는
더 좋은 미래를 위한 관문이 될 것이며
2005년은
하나님의 뜻을 이루는 해

순종, 기도, 헌신으로
세상에 빛 되고
세계를 교구 삼는 해

힘내세요
우리의 아버지가 하나님이시잖아요
우리 교회가 CBS 복지 우수상 받았네요

우리 지체들의 수고를
하나님이 상의 열매로
위로 한 줄 믿으며
영광을 하나님께 돌려요

다시 만나는 날까지
주 안에서 평강이 있기를
두 손 모아 빕니다.

산호섬

아름다움을 아름안고
소망을 꽃 피우는
온 성도들 향해
갈 그날을 기대하며
안부 전하네요

조용히 내일을
기도하며 설계하면서
다시 만나는 날
더 행복하도록
사랑을 키워요

말씀 속에서
길을 찾고
성령의 능력으로
새롭게 되네요.

"내 안에 정직한 영을 새롭게 하소서"
(시편 51:10)